Flores Conejitos Y Huevos

Libro Para Colorear Facilmente Para Adultos

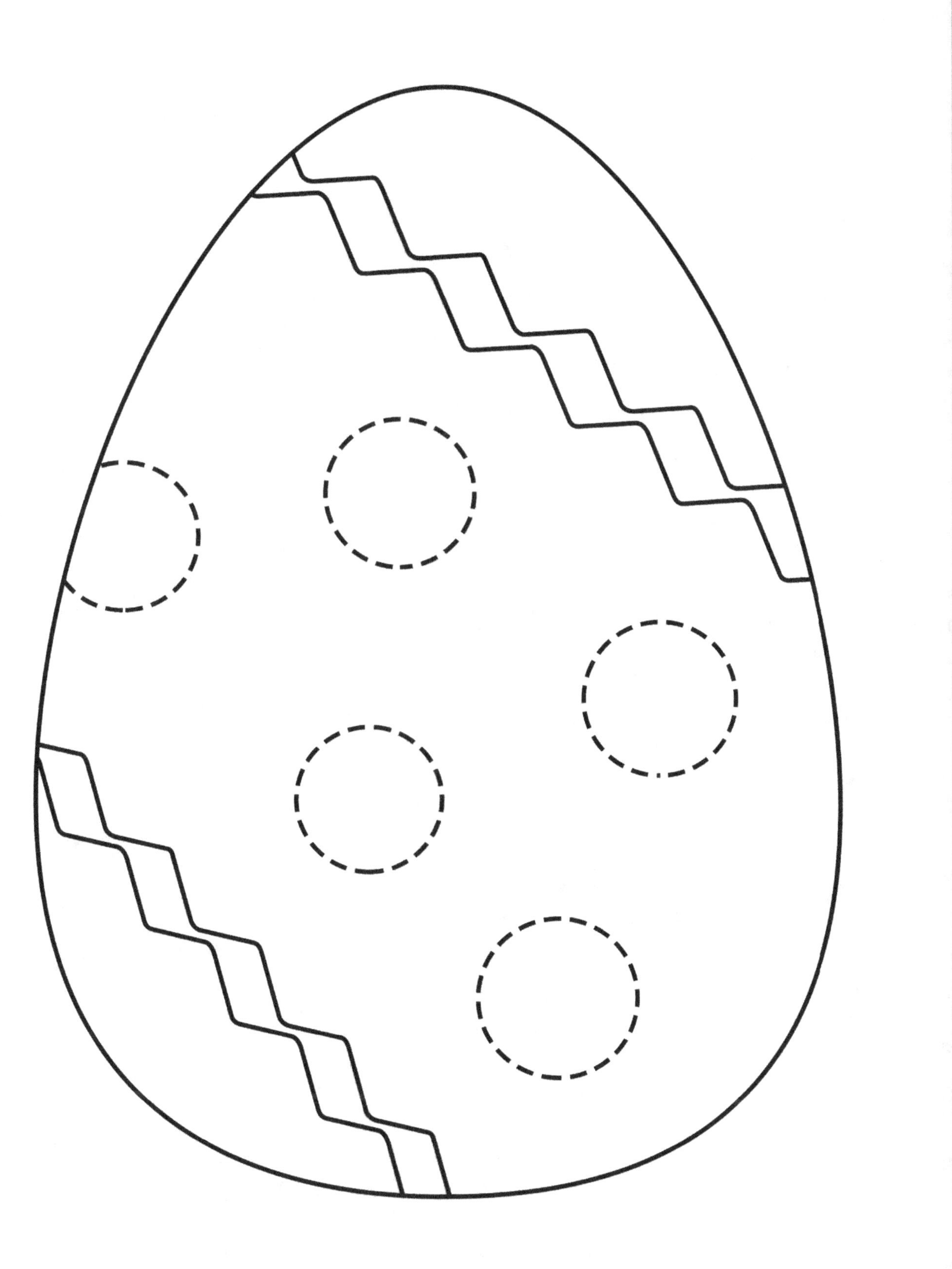

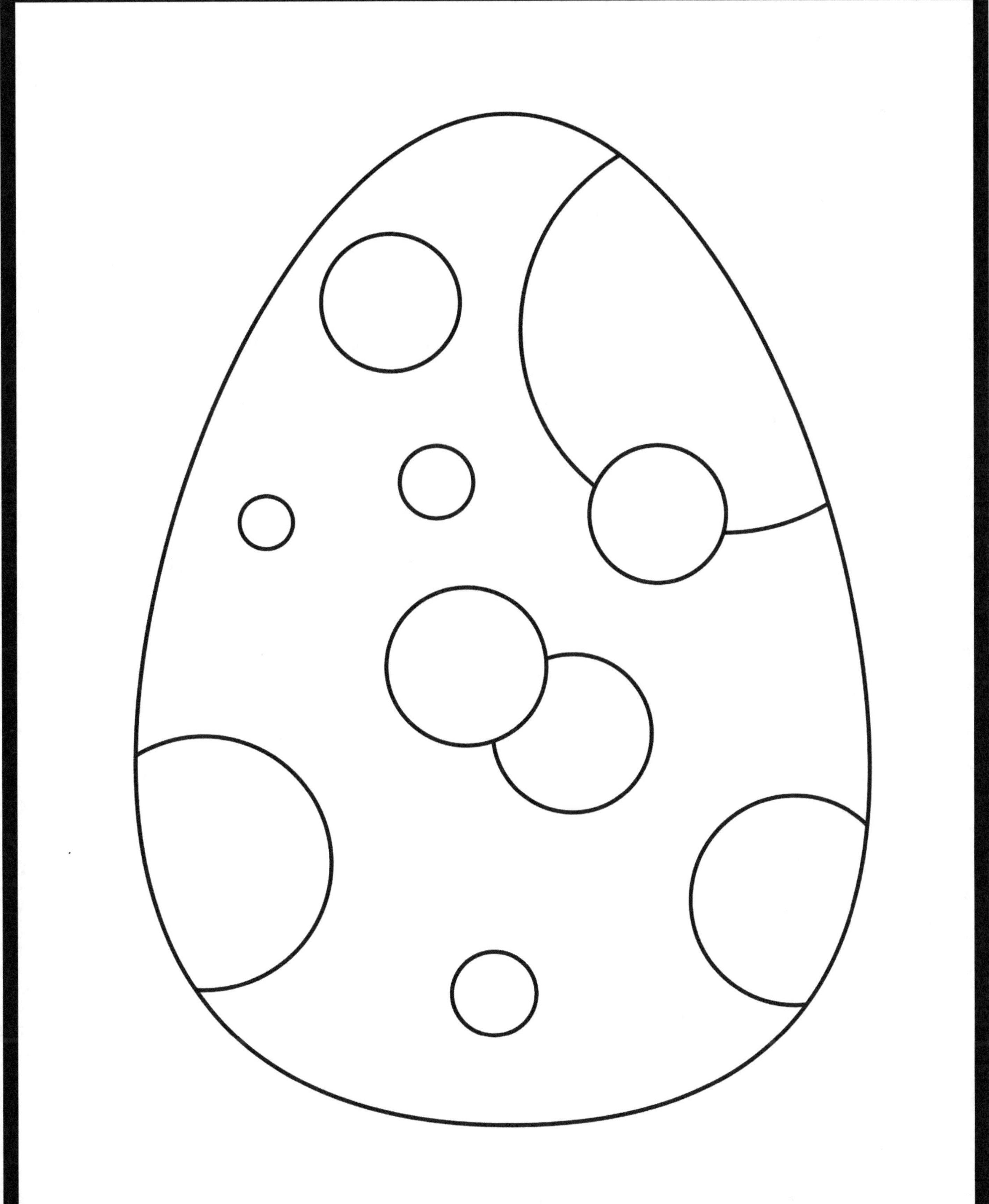

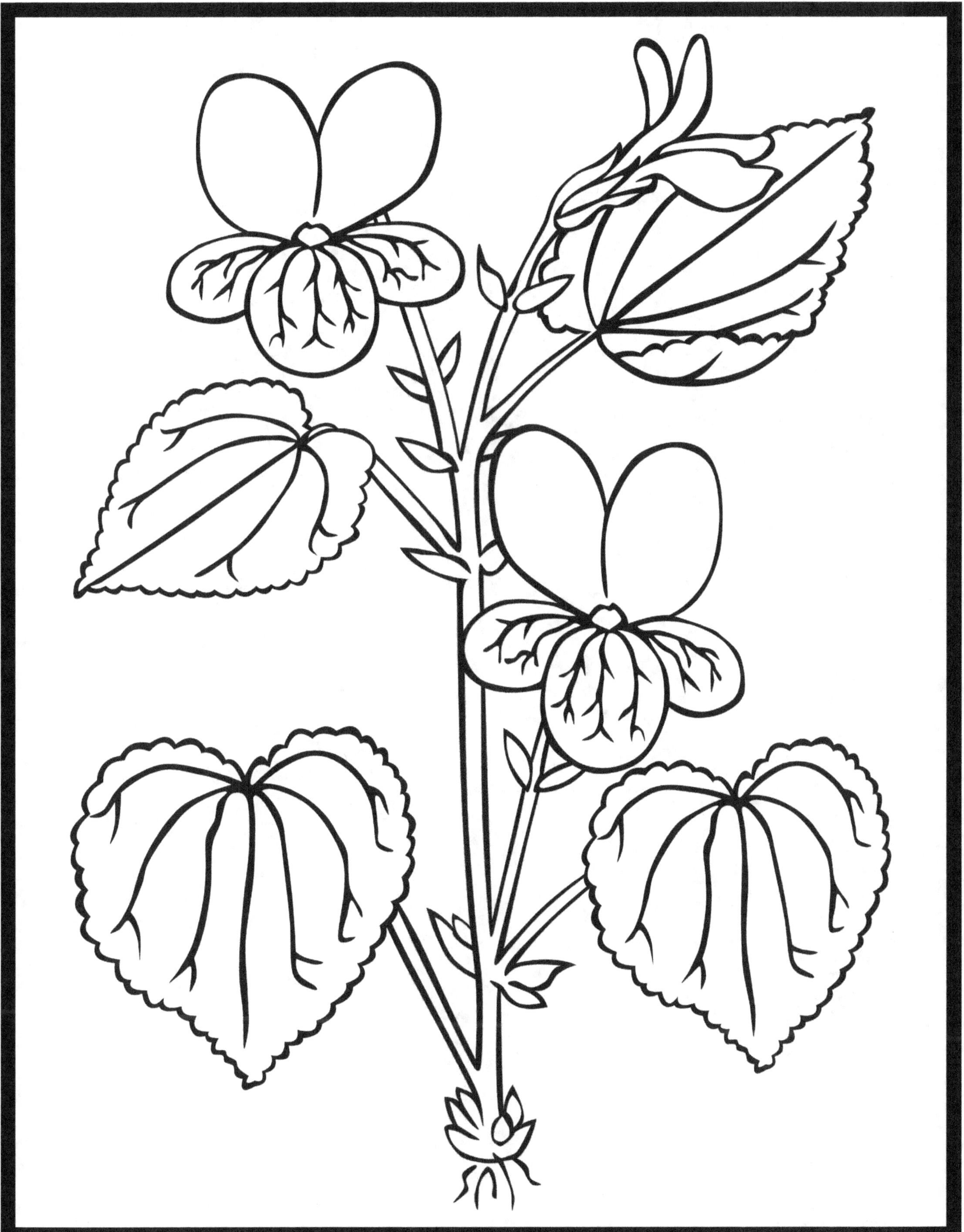

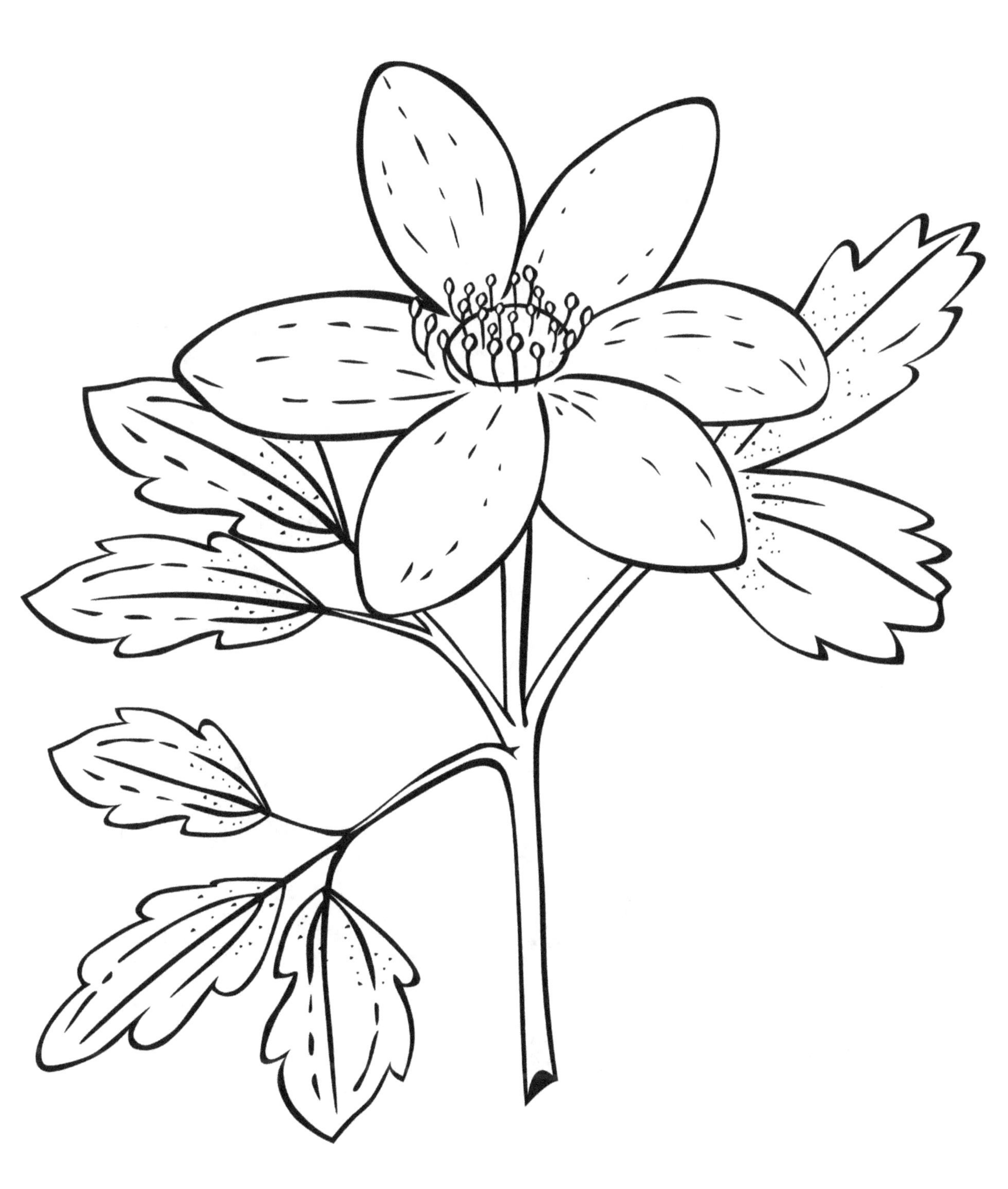

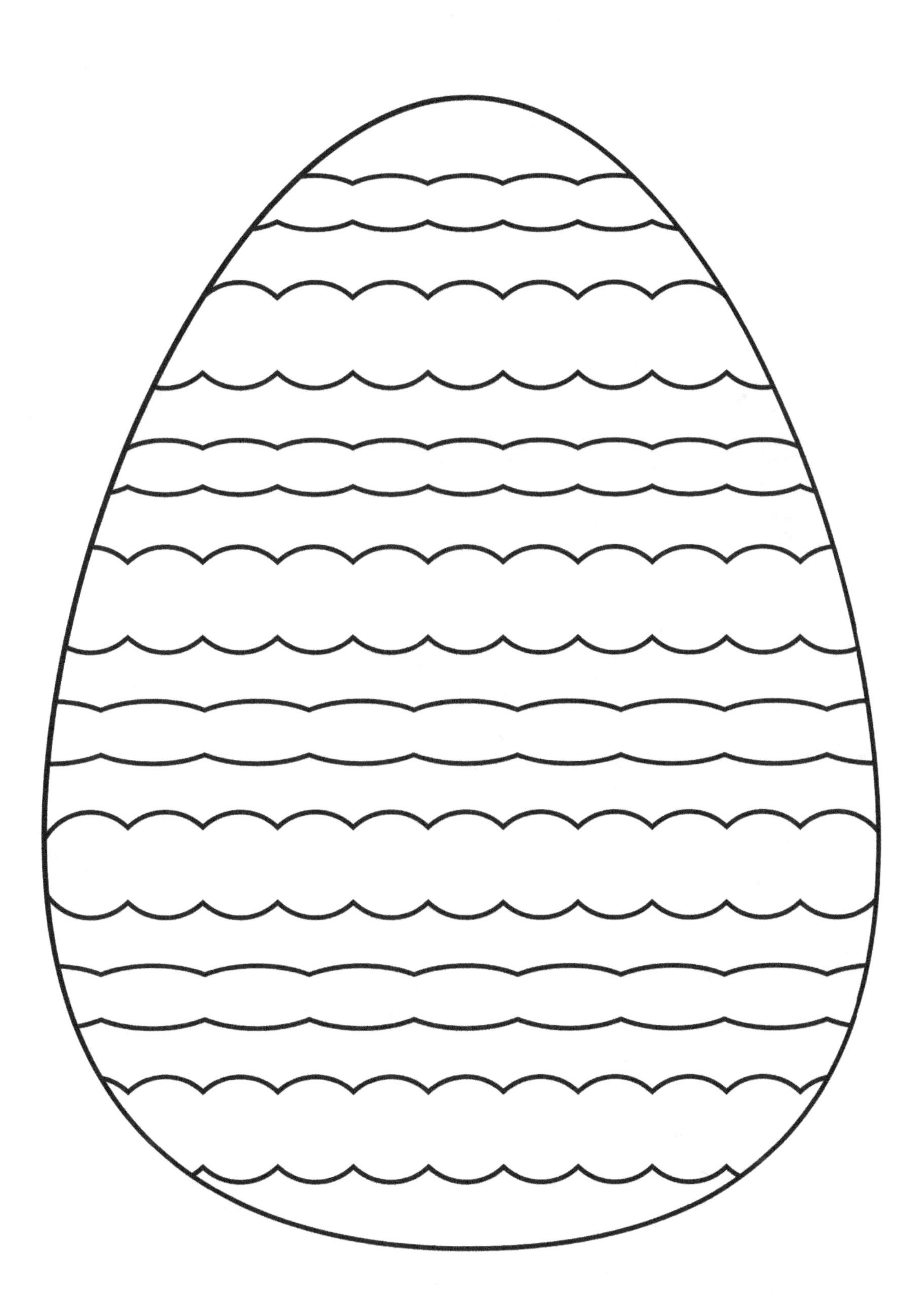